MANUEL

DE LA

MÉTHODE-OMNIBUS,

POUR

L'ENSEIGNEMENT DE LA LECTURE.

Par Casimir COURET.

Celui qui prend la nature pour guide,
peut espérer de travailler utilement.

TOULOUSE,

Henri-Augustin SENS, Imprimeur-Libraire,
RUE DE L'INQUISITION, N° 5.

1831.

1ʳᵉ LEÇON DE LECTURE.

CONNAISSANCE DES SIGNES.

A a	a ea	a 1.
	em	a 2.
	en	a 3.

É é	é	é 1.
	è	é 2.
	ê	é 3.
	et er	é 4.
	ei	é 5.
	ai	é 6.
	eai	é 7.
	aient	é 8.

I Y i	i	i 1.
	y	i 2.

1ᵉʳ EXERCICE.*

TABLEAU PRÉLIMINAIRE
POUR L'ÉTUDE SPÉCIALE DES SIGNES APPELÉS *SONS*.

O o	o	o 1.
	eo	o 2.
	au	o 3.
	eau	o 4.

E e	e	e 1.
	eu	e 2.
	œu	e 3.

U u	u	u 1.

OU ou	ou	ou 1.

OI oi	oi	oi 1.
	eoi	oi 2.
	oient	oi 3.

* Voir d'autre part la Conduite pour la leçon.

CONDUITE.

1° Faire d'abord bien apprendre, avec une exacte prononciation, et par un, deux, trois, quatre, etc., les huit sons primitifs A E I O E U OU OI, qui sont en dehors des accolades, à deux caractères différens.

N. B. On doit s'interdire l'épellation et faire prononcer d'un seul jet de voix OU OI, ainsi que tous les autres sons composés qui se trouveront dans les accolades.

2° Les Elèves, connaissant et prononçant très-bien les huit sons primitifs, passeront, successivement et par ordre d'accolade, à l'étude des sons groupés, en conformant, pour le moment, la prononciation de chacun d'eux à celle du son principal correspondant à l'accolade, et répété, avec numéros, vis à vis de chaque son de la même famille.

S'il est essentiel de faire immédiatement observer aux Elèves, dans l'enseignement de chaque groupe, que tous les sons composés sont formés par les sons primitifs A I O E U, avec ou sans le concours des trois lettres hétérogènes M N T, il n'est pas moins important de leur apprendre à distinguer déjà les SONS SIMPLES des SONS COMPOSÉS, de même qu'à décomposer ces derniers.

3° Après s'être assuré par tous les moyens imaginables, que les Elèves remplissent exactement toutes ces précédentes indications, on passe à la colonne des SONS DE CLOCHE.

Ici, tout consiste à faire distinguer, dans la prononciation, les sons clairs des sons de cloche, et à faire remarquer que ceux-ci ne diffèrent des premiers que par un supplément prolongé de son nasal, nécessité par l'adjonction immédiate de l'une des articulations N M, à chacun des SONS CLAIRS qui sont susceptibles d'être convertis en SONS DE CLOCHE.

SONS DE CLOCHE.

A a { am an. / em en.

È è { en. / en*ne*.

EI ei { ein. / in yn. / im ym.

AI ai { ain. / in. / im.

Y I i { inn. / imm. / ymn.

O o { on eon. / om.

EU eu { eun. / un. / um.

OI oi | oin.

1ʳᵉ LEÇON DE LECTURE.

CONNAISSANCE DES SIGNES.

2ᵉ EXERCICE DE LA 1ʳᵉ LEÇON.

ÉTUDE DES SONS.

CONDUITE.

1° Lecture courante des sons sans épellation ;
2° Distinction des simples et des composés ;
3° Décomposition des sons composés ;
4° Formation de diphtongues ;
5° Faire remarquer et bien lire les sons de cloche.

A a i è ou aient y ai eu o oient œu eoi eau u oin eai au ei on em er et eo ê oi e ein en ain eun é.

É é a œu er on en eoi et eau i ê eun ein eo ou u oi ain em aient oin é y eai e ai au è eu ei o oient.

I i y a u ei oin e on ou eai au
aient è eun ain em ai eu er o et
ein oient eo œu ê eoi eau oi é a.

O o on em oi eau eoi œu ê oient
eo ain en ein o et er eu ei è eun
au y aient ou ai e eai oin en a u.

E e eun è en on u oin e ai au ei ain
em er eo ê oi et eau é eoi œu oient
o eu ain ou aient a y ea i ein ou.

U u oi ai i ê eu è on en eun eo
er oient œu o ain em e ein eai au
é y a ea eau oin aient ou et eoi.

OU ou eai u a oin e eun ain eau
eoi é oi au em y aient ê œu oient
eo et o eu er è on en ein au ei ai.

(5)

OI oi oient é ain em è on en e ein on ê eo et er ei au eai u eau eoi œu oient eu ai y aient ou i a oin.

A a on è ea ein i ou eai au aient y ei on em ai eu et o er eo oient ê œu eoi eau ain en eun ain é.

É é oin et i eu e ain ai on em ei eau u eoi a ea œu y è en eun au aient oient eo eai er ou o ein ê.

È è eu i ai em é on eau ei eoi ain e ein u oient au aient o eai ou y œu ê en oin er eun oi et a é.

Ê ê o on em eun en oin é e ain eu ein è a et ai ou y er eo œu ei oient ea eau aient eoi i eai au.

2.

ET et eau eoi œu ê oient et o eu ai oin em ei y aient au eai ou oin i e ain eun u ea a è on ein en è.

———

EI ei oin ou è eun en on eai em aient e ain eu ein y ei oient i et ai au ê œu eau eoi er o oi eo é.

———

AI ai ê eo aient è eu et ou au e on ain i ei oient eai eun em er o a ea u eau œu eoi y é oi oin.

———

EAI eai oient i er oin em y ai a ein et ou aient œu ei eo è eun é e ain en eoi eau ê ein au oin a.

———

AIENT aient ê eau eoi e eu ain oin o è on é eo œu ei en eun ai ou eai au et oin em i a ea y er oient.

I Y i y eai eoi eau ei oin ea i aient oient œu eo er ou ai et a ê on eu ain oin è eun é en ein em eo oi.

———

O o et oient eai ou eau e oin eu ein eun aient œu ei ê ein on en é em er y ai a ea i eoi è eo au.

———

EO eo i e ain u et eu ai eun em ei eau eoi œu ê aient a ea oient au eai ou o er è oin é en on y ein.

———

AU au aient è oin é en on eun ain oin en ein em ou eai a u ea ei o oient et eo er œu oi ê oin i eau.

———

EAU eau o ou er eai eo oient on aient au è eun y œu eoi a u eau ei oin em ain en ein ai e é i ê et.

E e on eu oin ain ê en ein œu y ou o aient au oient eun u et eoi ei eau è em ai é i eai ea et eo a.

EU eu eun e ein è oin en ain a u ea i é ou eai au aient y ei on em ai o et eo oient ê œu eoi eau er.

OEU œu oin en eo o er eoi eau ê au ai i et oient ei y e ain eu on eun aient em é eai ea è ein ou a.

U u y eoi œu eau eai a o er on em oin ain i e oin eu aient eun au ou et ein en é eo ê ai e oient.

OU ou è eau eoi e ein o oin è on ei eun eo œu aient ea et a ai y ain em er i é oient eai en è au.

OI oi oient er ein y on a em et ou eai en ai œu ei eo è oin e é eu en eoi ein eau eun aient eoi ê.

EOI eoi eo oin i ea eun ai em er en é on è eau ain ou ein œu ê et oient eu eai i aient au ê y oi ou.

OIENT oient oi ei on y ain eu è en o oin et eun ou eai au ein a aient œu ê eau ei em ai u et é i.

1ʳᴱ LEÇON DE LECTURE.

P	p	èpe.
F PH {	f / ph	f. / f.
C Q K {	c / qu k	c. / c.
T TH {	t / th	t. / t.
S Ç Cᶦᵉ {	s / ç / cᶦᵉ	s. / s. / s.
X	x	cs.
CH	ch	ch.
R RH	r rh	r.
L	l	l.
ILL {	ill eil / ail	ill. / ill.
M	m	m.
N	n	n.
GN	gn	gn.
H	h	h.

1ʳᵉ Colonne, articulations **DURES.**

3ᴱ EXERCICE.*

B	b	èbe.
V	v	v.
G	g	g.
D	d	d.
Z {	z / oSe	z. / z.
X	x	gz.
J Gᶦᵉ	j gᶦᵉ	j.

2ᵉ Colonne, **DOUCES.**

Tableau spécial des articulations qu'on appellera COMPOSÉES, parce qu'elles se prononcent d'un seul temps, tout comme les articulations appelées SIMPLES, c'est-à-dire, celles qui sont formées d'une seule pièce, telles que P F C T, etc.

ph qu th ch rh ill gn.

---

* Voir d'autre part la Conduite pour la leçon.

CONDUITE. 1° Bien apprendre les Colonnes par ordre de n°s, et prononcer les ARTICULATIONS, d'abord, comme suivies de E : Exemple, PE BE, etc., et dans une 2e lecture du Tableau, comme précédées de *È*, Exemple, *ÈP ÈR*, etc., afin de les faire facilement apprécier, en même temps, comme initiales et comme fin de syllabe.

2° Faire prononcer les DURES et les DOUCES de chaque deux Colonnes, alternativement et d'une manière rapide : Exemple, P B, PR BR, PL BL, etc. ;

3° Soigneusement distinguer les articulations SIMPLES des COMPOSÉES et DOUBLES : lire à cet égard les Observations au bas du Tableau.

PR	pr	èpre.		**BR**	br	èbre.	
FR	fr / phr	fr. / fr.	3e Colonne, DURES.	**VR**	vr	vr.	4e Colonne, DOUCES.
CR	chr / cr	cr. / cr.		**GR**	gr	gr.	
TR	tr / thr	tr. / thr.		**DR**	dr	dr.	
PL	pl	èple.		**BL**	bl	bl.	
FL	fl / phl	fl. / fl.	5e Colonne, DURES.				6e Colonne, DOUCES.
CL	cl / chl	cl. / cl.		**GL**	gl	gl.	
TH	tl / thl	tl. / tl.					

OBSERVATION. — En faisant apprendre ces quatre dernières Colonnes, on ne manquera point d'appeler ARTICULATIONS DOUBLES, toutes celles qui y sont contenues, en raison de ce qu'elles sont conjointes avec R ou L, d'une manière très-sensible à l'oreille : Exemple, PR BR PL BL, etc. C'est à ce caractère qu'on les distinguera des ARTICULATIONS COMPOSÉES.

1ʳᵉ LEÇON DE LECTURE.

CONNAISSANCE DES SIGNES.

4ᵉ EXERCICE DE LA 1ʳᵉ LEÇON.

ÉTUDE SPÉCIALE DES ARTICULATIONS.

CONDUITE.

1° Lecture courante des articulations sans épeler;
2° Distinction des simples, composées et doubles;
3° Décomposition des deux dernières espèces.

P p ph m f dr ç c b j fl t n cl r tr gn v gl pr qu chr bl m g fr d br pl vr k s ch x th z cr l gr ill ail ouil.

B b br t fr s cl p x m pr th d n r qu pl z gn chr f gl dr ph v cr ch g fl j l c ç h tr k gr bl vr ph ill ail euil.

F PH f ph fr fl th pl g chr b vr ch
ç c p d br pr bl qu gr gn cr n h k j s
rh x r z l v dr gl m t ill ail eil œil.

V v vr gl n h pl gn m bl gr r f ph
s t br d th ch fr g dr x l cl qu c ç k
j cr z chr r b fl pr ill ail euil ouil.

C QU K c qu k cr cl gl chl r ph bl
m v s tr x l pl b gn pr d ch br t vr p
j g th f dr n fl z rh gr ill ail eil œil.

G g gr gl v br s gn p cl f bl k m
cr b n x pr rh fl r vr pl z j chr qu
ç d h ph th dr c l ill ail eil euil.

T TH t th tr gn chr m ch l p cl
b fl pr d gr s g cr v gl dr k bl qu
n z x j h br pl vr f ç c ill ail eil.

D d dr pl g ch pr th b gr qu bl
k f br p chr t gn cl m gl s rh gr
v x fl n ph r j h l fr r ill ail eil.

S Ç C$_e^{ié}$ s ç pr g ch gl c qu d z cr
gn bl th chr v t br k ph j pl vr ç c
b m p h f fl l v pl fr n r ill ail eil.

Z z d vr pl qu j x ph l gl k l gl
br fl ch v t g chr f pr th p m s
bl b gn r n ç c ill eil euil ouil.

X x z j t gn ç gr th ph bl v r f
pr gn p l gl d dr br fl qu s rh b
c k m ch h fr v r ill ail eil œil.

CH ch d n l vr g gr j fr h pr gn
bl s fl r m v ph b k f dr x pl d t
th ç b c br cl ch cr z n qu gl ill.

3.

(16)

J Gᵢₑ́é j gr l gn tr cl n t fl b ç dr
c f m ph p pr qu z chr th gl ch x
g d fr k br h vr pl s bl ill ail eil.

R RH r gr f gn chr th k tr h pr
z pl ç qu bl c gl d b t br fl s cl j
h fr ch cr g dr l p m x n ill ail eil.

L l dr v br t z pl ch chr gl p gn
pr qu bl gr m cl b th ph r g l x
k d ç c j vr h n ill ail eil euil.

ILL AIL EIL f qu cl l gr chr
tr dr m bl z cr th fr n fl t ph r c
ç ch br d k j vr gn v n h ill ail eil.

M m bl p vr ph br t gr ch r dr
cl pr chr gn fl z cr b th pl n g
l j k s tr f v ph c h ç qu ill ail eil.

N n k v bl t pl f vr r cl p fl pr gn x s br thr qu j ch ç g th cr gr d gl l dr c ill ail eil euil ouil.

GN gn pr fl s h gr d ch dr ç j b pl th chr p bl qu br z cl x cr g k v ph l gl r n c f ill ail eil œil.

H h ph chr p dr pl t br g pr bl gn cl j fr r x fl b gl s qu m gr v n h cr qu vr ç k l c th ill ail eil.

PR pr ç cr z vr d pl v chr j b qu ph k fl x gl br n r fr h bl f tr ch p s br g gn l m gr v ill ail eil.

BR br bl n d vr l g fr p chl h v ch v fl k pr m c bl s ph qu f tr ç dr th chr x r vr h d ill ail eil.

FR PHR fr fl gn s bl cr ch ph cl pr v b m br c r ç gr x pl g d n tr chr l qu vr k gl dr g h j f ill.

VR vr s bl h d pl g x fr b ch gn cr z qu p ph f c dr ç fl t n cl r tr gn l gr j ill ail eil œil ueil ouil.

CR CHR cr chr x n l m p dr g ph ch fr h fr h j cl r s c fl br t b d gl bl qu ç pl z pr h f gr gn œil.

GR gr gl g c vr ç chr d k x cl cr r ph th b m gr bl qu pr gn p gl rh z t br v dr h l ill ail eil euil.

TR THR tr t th h n v gn ph dr vr j d br ç c r fl g z fr x cr m bl l chr rh gr qu cl f ch gl ill ail eil.

DR dr qu ç pr h bl c pl ph br v
chl p tr b fl s cl l fr n cr m f dr
x th z ch d l r ill ail euil œil.

PL pl pr p cl r l dr h vr gl d gn c
ç ch pl j br qu pr b chr ph m bl n
v x fr s gr fl z h ill ail eil ouil.

BL bl br b f gl c n cr r pl g th ph
t vr k pr fr v chr l cl x qu r z m
gn ch h j s ail eil euil œil ouil.

FL PHL fl fr f ph m gn l v br
s tr f bl h fr r n br gl x fl k b j
chr v pl d vr z cr ç pr t ill ail euil.

CL CHL cl cr chl c qu k d h vr
th dr c x tr f r qu bl ph m pr ç
fl b ch h p fr j l g vr d n br v œil.

GL gl gr g z ch p tr n cr l bl s gn
d g fl ph th gr fr x f pl ç pr c br m
d h b cl v j t dr chr qu b ill ail eil.

1ʳᵉ LEÇON DE LECTURE.

CONNAISSANCE DES SIGNES.

5ᵉ EXERCICE DE LA 1ʳᵉ LEÇON.

ÉTUDE SIMULTANÉE DES SIGNES.

CONDUITE.

1° Lecture courante des sons et des articulations sans épeler;
2° Distinction, décomposition et combinaison des signes.

P A B I PR È BR OU PL AIENT BLY p a b i pr é br ou pl aient bl y ph ai dr eu f o ç gr oient c œu b eoi j eau fl u t oien phr eai n au cl ei r em tr er gn u et v eo gl ê pr oi qu é phl e chr è bl an ai fr oi g a m ail d aient rh u k y vr au h eu thr chl ou s em ch oi x er th ê z ei cr aient l eau b ill t ail v eil d euil œil f ouil.

F É PH E V OEU FR EAU PHR OI VR AI FL ER PHL EU f e ph e v œu fr eau phr oi vr ai fl er phl eu t ain g ail m eil gl ein dr i v a l oi r ei z u x oien rh s ou j eun k ou h au u aient cr eai gn é gr qu ai bl eu pr er d o br oi chl é p an thr u c ou ç eai ch er b eau chr y g ai pl ei gr ill s oient f ê m œu r eoi l œil.

C AM QU EI K E G EAI CR OIENT CHR I CL EOI CHL OU GL OI c ain qu ei k e g eai

cr oient chr i cl eoi chl ou gl o r
ph é bl em m oi v eau gl eoi tr
œu x ê l au pl oient b ei gn er pr
eo t au d eu ch o br et vr ai p au
g ou phr aient th y f ei dr on n
œ fl è z o rh oin phl a gr u t ail
p ail v eil tr eil br ill b ouil.

T AU TH ER D OI TR OU THR A DR AIENT t au th er d oi tr ou thr a dr aient gn eu chr u m oi ch ai p au phr oin l am cl ê b eo fl ei pr et phl em d œu gr ai rh ou s eu v oient g o cr eoi gl ain dr a k ou bl eu qu ein u oient z y x è j eoi chl a h ai br ei pl oie phr ai vr eau f em ç aient c ou p i gr ill l ail tr eil r euil d œil.

4.

(24)

S OIENT Ç AI C$_e^{i é}$ AU Z O s
oient ç ai z eau pr ou g eai ch oin
gl u x a qu eu chl e d eau z eoi
cr é gn oi bl ain th y chr em k ê
ph i j eu pl oient vr œu ç o c on
phr et b ou m er p eu h è f au rh
ei fl au l ai phl au v ou fr ai n oi.

X EI x ei z oi phl o j ai cr oient
vr è g ain thr oin n et ç au chr
eoi th er chl eu ph eai bl ê f ou
pr aient gn y p ei l oi gl œu phr
u d eau f eu br au dr u qu aient
s oient rh œu b ein ç an k ou m
oi c ai ch er h em r ail gr ill l eil.

CH AI ch ai d eo n eoi vr i g ai
thr ou l eai gr aient j eu fr oi h

ou pr œu ei gn ain bl em t ail c
ail m eil n ein phl ê s eau fl er r
y m au v oient ph i k en f œu dr
oin x aient pl oient rh ei t eau ç
ai b eu c au br y cl ou ch er cr
eun chl o z aient n é qu oi gl au.

J EI G.ᵢₑ́ AIENT j ei g aient gr
ê l eau cr eoi v ē gn ain tr em r
o cl è n eo phr ei t œu fl an b ai
ç ou dr eai c oi f et m i ph a p ea
f ill r ein b ail tr eil m eil phl y
pr er qu et v oient z ou chr eau
th eoi gl é ch ai x am chl œu rh
oi g ou d aient fr oi k y br a h on
pl oient s ou thr eau bl eu deuil.

R EAU RH OU r eau rh ou gr
eu f y phr eoi gn i chr eai th ei
k ou tr er h oin pr au z eo pl ou
ç oient qu ai bl et c ain gl ê d e
thr em b en chl è t on br eau fl
eu s ou cl u j en fr au ch ou cr
oi phl aient g ai dr o l ai p eu m
œu n u x y p ill ç ail v eil l œil.

L OIENT l oient dr y v au br
i t ain chl en z è thr o rh er pl
ou ch au chr eai gl eo p aient pr
ê g œu qu eoi bl eau gr ei m em
cl ai b et th u ph e r eu cr ou g
oin cl eo x y ein k oi d ou ç ai c
au j eu vr eai n ail tr eil s euil
l œil h ouil f ill gn eau v oient.

M AIL P EIL F ILL m ail b ail p eil f ill bl au vr è ph eau br ain f oin t aient gr eu ch ou r ai phr eoi chl eo dr oi dr eu cl ein ph en rh œu chr u gn au fl eu z em cr oient b eun th aient pl ai n o phl ei g au l eu j ou k y thr an s eai th on f ai v oient ph au h em ç eau gn eu d ouil.

N EAU n eau k ou phr ê v eau bl eoi t e pl ain f em vr o r è cl eo p ei fl u r œu pr aient rh et gn oin chr eai x a phl y s ai br an thr er qu i j ai chl ei l oi ch ai ç eo g aient pl oient gr eau d ou gl u vr ai h au r oi b ail l œil v.

GN EU gn eu v oient f er ç y r a gl i l em ph et v ain k oi thr eai g ou cr ai x è cl eu z eoi br œu qu oi bl é p oin phr ei b u chr aient th au pl oient j eu ç ou dr eau ch ai phl au d en gr é h on chl er s oient fl ou rh ê pr oin.

H OU h ou thr au ph oient p è chr an dr eu pl ai t ain br em g ou br on th oi pr é bl eau gn ou cl ai j au fr oi rh ê chl œu r ei phr oient x eu fl er b oi gl ou s aient phl ei qu u gr eu m au v oient n eo h eoi k ei l em ç ein gn er gr ouil t ail qu euil p eil.

www.ingramcontent.com/pod-product-compliance
Lightning Source LLC
Chambersburg PA
CBHW060604050426
42451CB00011B/2071